EGMONT

L'Exécution

DU

Colonel Ruiz

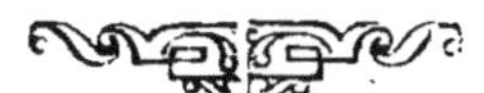

*Est puni de mort celui qui
cherche par argent, par
liqueurs enivrantes ou par
tout autre moyen à éloigner
de leurs drapeaux les défenseurs de la patrie pour les
faire passer aux rebelles.*

(Loi du 4 nivôse an IV; Code
militaire, art. 208.)

PARIS

Imp. G. Camproger, 52, rue de Provence

1898

L'Exécution

DU

Colonel Ruiz

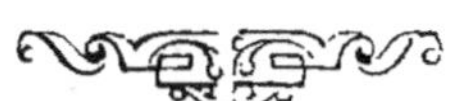

Est puni de mort celui qui cherche par argent, par liqueurs enivrantes ou par tout autre moyen à éloigner de leurs drapeaux les défenseurs de la patrie pour les faire passer aux rebelles.

(Loi du 4 nivôse an IV : Code militaire, art. 208.)

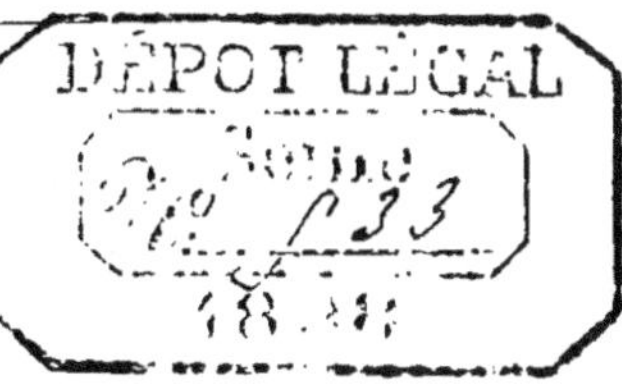

PARIS

IMP. G. CAMPROGER, 52, RUE DE PROVENCE

1898

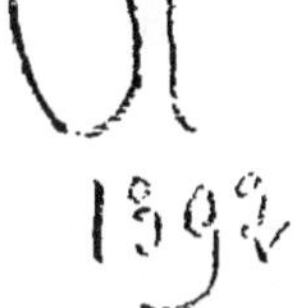

L'exécution du colonel RUIZ

L'exécution du colonel espagnol Ruiz par les insurgés de Cuba a servi de prétexte à tous les ennemis des Cubains pour répandre, une fois de plus, dans le public les accusations les plus injustes et parfois les plus absurdes contre les patriotes de la Grande Antille.

Nous allons défendre notre patrie calomniée en rétablissant simplement les faits et en montrant que la mort du colonel Ruiz fut une douloureuse nécessité, une conséquence inévitable de l'état de guerre. Certes, nous déplorons cette mort, comme nous déplorons celle de toutes les victimes des guerres, comme nous déplorons que la tyrannie oblige les hommes à recourir à la violence pour conquérir leurs droits; mais n'est-ce pas la tyrannie qui, la première, a usé de violence pour leur ravir ces droits ?

La mort du colonel espagnol Ruiz constituerait un crime digne de la réprobation universelle, si cet officier avait été *un parlementaire*, mais il a fallu une dose considérable de mauvaise foi et une confiance illimitée dans l'ignorance du public pour le présenter comme tel.

Afin qu'on ne puisse nous accuser de dénaturer les faits dans l'intérêt de notre cause, nous allons montrer comment ils ont été exposés en Espagne même. Le *Nuevo Régimen*, journal que dirige M. Pí y Margáll, ancien président de la République Espagnole, raconte l'événement ainsi qu'il suit :

Un lieutenant-colonel du génie de notre armée a eu la malencontreuse idée d'aller au camp du chef Arangúren avec lequel il était lié par des relations amicales. Ayant reçu d'Arangúren un accueil affectueux, il se permit de haranguer les rebelles, leur montrant l'importance des concessions faites par la métropole et les engageant à se soumettre. A l'instant même on entendit des cris de protestation exigeant que le décret de Máximo Gómez fût appliqué. Arangúren s'y refusa, mais Ruiz fut soumis à un conseil de guerre par ordre d'un autre chef insurgé, Rodríguez, supérieur hiérarchique d'Arangúren. Ruiz fut condamné à mort et exécuté.

Cet événement, quoique fort lamentable est, si on l'examine avec impartialité, une conséquence logique d'un acte admis dans toutes les guerres et même autorisé par

presque toutes les lois pénales du monde (1).
Partout on considère comme un traître
celui qui passe à l'ennemi et comme com-
plice de trahison celui qui tente de séduire
des troupes pour qu'elles passent à l'ennemi. Il y a de plus, ici, une circonstance
spéciale, à savoir qu'un décret en règle
prescrivait de punir comme traître quiconque agirait de la sorte.

Prenons les devants sur une objection
possible de la part des Espagnols — ou
de leurs défenseurs, ce qui revient au...
pire. On pourrait en Espagne reprocher
à M. Pi y Margáll d'être trop juste, trop
impartial, en un mot de n'être pas assez
chauvin. Qu'à cela ne tienne. Voici que le
Nacional de Madrid, auquel on ne sera
certainement pas tenté d'adresser les
mêmes reproches, — car il est l'organe
de la politique intransigeante de feu
M. Cánovas, de M. Roméro Roblédo et
du sinistre Weyler, — fait des appré-
ciations analogues en se basant pour
cela sur la lettre adressée par le colonel

---

(1) Voir l'article 208 **du** *Code militaire*
français, l'article 51 des *Articles de guerre*
des Etats-Unis, et l'article 222, titre V.
chapitre 1er, du *Code de justice militaire*
espagnol.

Arangúren au colonel espagnol Ruiz, lettre qui a été insérée par les journaux d'Espagne, d'Angleterre, des Etats-Unis, par tous enfin, excepté ceux de Paris (1).

On le voit, la question ne peut donner lieu à des interprétations diverses ; les faits établissent que **le colonel espagnol Ruiz n'était nullement un parlementaire, IL N'ÉTAIT QU'UN CORRUPTEUR**.

Il n'avait rempli aucune des formalités d'un parlementaire ; il ne s'est pas présenté au camp des insurgés accompagné d'un clairon, avec un drapeau blanc ; il ne s'est pas adressé à celui qui commandait en chef dans cette zone pour lui faire connaître le but de sa démarche. Tout au contraire, Ruiz s'est mis en relations avec un officier subalterne, le colonel Arangúren, dont il avait été l'ami, et sur lequel il prétendait, en raison même de cette amitié et de la

---

(1) Dans cette lettre Arangúren disait à Ruiz : « Si vous venez nous proposer l'indépendance, soyez le bienvenu. Dans le cas contraire, je vous en supplie, par Dieu, ne venez pas. »

différence d'âge, exercer une influence
utile à ses projets.

Mais la question de forme n'est rien si
on la compare à la question de fond ; les
propositions du colonel espagnol étaient
de celles qui ne peuvent être l'objet de
négociations de la part d'un parlementaire. Ce qu'il venait proposer, c'était la
pire des infamies : la désertion en masse,
avec armes et munitions des troupes qui,
aux portes de La Havane, ont l'honneur
d'être l'avant-garde de l'armée cubaine.
Il savait quelle récompense attendait
celui qui aurait sauvé du *fiasco* la comédie autonomiste jouée actuellement.

A tous les soldats, à tous les hommes
de cœur nous demandons quelle réponse
un officier doit faire à de semblables
propositions. Quel accueil les codes mi-
litaires de toutes les nations réservent-
ils à l'officier ennemi venu dans un
camp pour inciter à la trahison ?

Ce n'est pas tout encore. Non seulement ces pourparlers sont expressément
condamnés par la Constitution cubaine
(article 11), mais il y avait de plus le décret du général en chef, Máximo Gómez
(Sancti-Spíritus, 15 novembre 1897), celui du général Calixto García (Baire, 6

novembre 1897) et, ce qui est plus décisif, celui du général J.-M. Rodríguez, commandant des forces cubaines dans la province de La Havane. Ce dernier décret, daté du 4 novembre 1897, prononce, de même que tous les autres, la peine de mort contre quiconque viendra dans les rangs cubains proposer l'infidélité au drapeau. Le colonel Ruiz ne pouvait ignorer à Cuba ce que l'on savait parfaitement en Espagne, aux Etats-Unis, en Angleterre et même à Paris, si mal renseigné d'ordinaire sur les affaires cubaines (1) et autres.

Mais voici qui achèvera de convaincre le lecteur. Lorsque Ruiz arriva au camp du colonel cubain Arangúren, celui-ci, avant de lui laisser dire un mot, le présenta à ses camarades en disant : « Voici, messieurs, un ami qui certainement ne vient que pour me rendre visite et en aucune façon pour nous proposer l'autonomie dont nous ne voulons pas. Il sait qu'il y a peine de mort pour celui qui viendrait nous la proposer en nous faisant certaines offres. » Ruiz s'obstina,

----

(1) Il n'y a pas un seul journal français qui ait un correspondant à Cuba.

voulant à tout prix obtenir un résultat dont il se promettait des avantages considérables et, suivant quelques-uns, stipulés à l'avance : il fit avec cynisme les offres les plus honteuses et en arriva même à parler argent. Le généreux Arangúren feignit de croire que Ruiz ignorait à quoi il s'exposait ; mais l'Espagnol répondit avec arrogance qu'il connaissait les décrets des généraux cubains et il renouvela ses propositions et ses offres.

Le colonel Arangúren se vit dans la pénible obligation d'obéir comme Cubain et comme soldat. Il ne pouvait épargner l'officier espagnol sans se déshonorer et se condamner à mort lui-même, et la générosité cubaine attestée par les milliers de prisonniers et de blessés espagnols que les patriotes ont rendus et soignés (1), la générosité cubaine, solennellement proclamée par le maréchal

---

(1) C'est le même colonel Arangúren dont il s'agit ici qui, ayant fait prisonniers neuf officiers espagnols, les remit généreusement en liberté, après leur avoir fait signer un acte constatant qu'ils avaient été bien traités.

Martinez Campos (1), ne va pas si loin. Mourir avec ignominie, comme un traître, pour sauver la vie d'un ennemi qui vous outrage en vous proposant (2) de commettre un crime de lèse-patrie, c'est trop demander à un soldat, même à un soldat magnanime comme Arangúren.

Il faut être habitué comme nous le sommes à la mauvaise foi des Espagnols d'Espagne et d'ailleurs, pour ne pas nous indigner devant l'hypocrite comédie qu'ils jouent actuellement de si piteuse façon. *Assassinat* est un mot que, par pudeur, ne devraient jamais prononcer

---

(1) Dans la dépêche qu'il adressait à M. Canovas, le 17 janvier 1896, le maréchal Campos disait : « Les insurgés me rendent mes prisonniers et soignent mes blessés; moi je fusille leurs chefs et envoie leurs autres prisonniers au bagne; je ne puis, je ne veux aller plus loin. »

(2) Suivant les journaux des Etats-Unis et d'Angleterre, on aurait trouvé sur Ruiz la preuve que le général Blanco offrait à Arangúren 100,000 piastres (500,000 francs) pour sa soumission. N'ayant pas la certitude du fait, nous n'en tirons pas parti. Nous ne voulons nous appuyer que sur des faits *indéniables*.

ceux qui ont ensanglanté l'Amérique, d'abord en exterminant la race entière de ses premiers habitants et, plus tard, en versant sans pitié et à flots le sang de leurs propres fils révoltés contre leur despotisme.

Dès qu'il y eut une poignée d'hommes épris de justice, l'Espagne donna libre cours à sa cruauté légendaire et naturelle. Les cinquante compagnons de Crittenden, faits prisonniers au cours de la première révolte, furent massacrés le 16 août 1851 au pied du fort d'Atarés. Les instincts humanitaires des Espagnols — de ces Espagnols qui, aujourd'hui, feignent de fulminer contre les Cubains — éclatèrent en cette occasion dans toute leur beauté : les membres mutilés, les entrailles, les parties sexuelles des suppliciés furent promenés, immondes trophées, au bout des baïonnettes des *triomphateurs;* les crânes sanglants servirent aux orgies de la foule en proie au saint enthousiasme patriotique. Rien ne manqua à la fête : réjouissances de la populace ivre de sang, réceptions officielles, salves et feux de joie; ce fut une de ces magnifiques apothéoses comme les Espagnols savent en faire lorsqu'il leur est donné de se repaître de leur spectacle favori, celui du sang qui coule!

Cette orgie espagnole dont il existe encore de nombreux témoins a été superbement flétrie par le poète cubain Juán Cleménte Zenéa..., mais nous venons de nommer une autre victime de la cruauté de l'Espagne dont les crimes sont si nombreux que, lorsqu'on en rappelle un, d'autres viennent d'eux-mêmes au bout de la plume.

Pendant la dernière insurrection, Zenéa s'était présenté au camp des insurgés porteur de propositions de paix provenant de Madrid et porteur aussi d'un sauf-conduit signé par les autorités espagnoles aux Etats-Unis. Arrêté sans armes par les Espagnols, il fut malgré son sauf-conduit espagnol fusillé dans la forteresse de la Cabáña, le 15 août 1871. La signature de l'Espagne ne put le sauver de la férocité espagnole (1).

Ce fait, quoique indigne d'une nation civilisée, ne surprit personne en Amé-

---

(1) L'Espagne a tacitement avoué sa félonie en allouant dans la suite une indemnité à la veuve de Zenéa.

rique ; il était conforme au passé de la métropole. Déjà, au temps des guerres de l'indépendance américaine, un parlementaire envoyé aux Espagnols par Bolivar lui revint du camp ennemi attaché sur son cheval, exsangue, les oreilles et la langue coupées.

Mais revenons aux exemples plus récents des guerres cubaines. En 1869, c'est-à-dire pendant la guerre de dix ans, le Cubain Napoléon Arángo fut *invité* par les autorités espagnoles à une conférence qui devait avoir lieu à Puerto-Príncipe. Arángo se rendit à l'invitation ; les Espagnols le reçurent avec tous les honneurs du parlementaire et .. l'assassinèrent, puis ils traînèrent son cadavre sanglant dans les rues de la ville. Le général Dulce, gouverneur de l'île, arrivé depuis quelques mois d'Espagne, ne cacha pas l'indignation que lui avaient inspirée la perfidie et la cruauté de ses compatriotes.

Plus tard, en septembre 1879, le général cubain A. Leyte Vidál, qui résidait à Mayarí depuis la paix du Zanjón, fut assassiné lâchement par les *autorités*

espagnoles (1 , le général Blanco étant
gouverneur de Cuba.

Mais on n'en finirait jamais avec les
exemples des victimes assassinées iso-
lément. Rappelons plutôt le massacre
monstrueux par les volontaires de La Havane de huit étudiants en médecine, des
jeunes gens, presque des enfants, appartenant aux meilleures familles (2). Voici

---

(1) Voici comment l'éminent écrivain
Enrique-José Varóna rapporte les faits
dans sa célèbre brochure, *Cuba contre
Espagne* : « Le général Leyte à qui la sécu-
rité la plus complète avait été garantie par
le chef espagnol commandant la subdivi-
sion résidait à Mayari. Un mois après, se
trouvant de passage à Nipe, il fut invité à
dîner par le commandant de la canon-
nière *Alarma*. Leyte Vidàl, sans méfiance,
se rendit au navire, mais il n'en revint pas.
Les trois matelots qui l'accompagnaient
dans le canot se jetèrent sur lui et, après
l'avoir étranglé, lancèrent son cadavre à la
mer. Le général espagnol Polavieja fut
l'inspirateur de ce lâche attentat. »

(2) Le plus âgé avait à peine dix-huit ans.
Le corps des volontaires (*voluntarios*) est
formé par la lie de la population espagnole ; il a été armé par la métropole pour
la défense de son despotisme. En échange de
ses services, il a l'impunité assurée de tous
ses forfaits. A cette époque les volontaires
se donnaient journellement le plaisir d'as-
sassiner dans les rues mêmes de la capitale

la relation scrupuleusement exacte de cet exemple de sauvagerie presqu'incroyable.

A La Havane, dans le cimetière voisin de la salle de dissection, les étudiants en médecine des deux premières années se promenaient paisiblement. Quelques-uns cueillirent des fleurs, ce qui leur attira les réprimandes du gardien d'abord et celles du curé ensuite (1). On était alors en pleine insurrection (1871) et les étudiants étaient soupçonnés de sympathies pour les rebelles. C'est pourquoi on prit prétexte de l'incident insignifiant du cimetière pour lancer contre eux une accusation politique ; d'autant

tous ceux qui leur paraissaient suspects de séparatisme. Pour se justifier, il leur suffisait de dire que leur victime avait crié : « Vive Cespedes ! » Un grand nombre de personnes furent ainsi égorgées simplement parce qu'elles portaient une cravate bleue, le bleu étant une des couleurs du drapeau de l'indépendance ; les volontaires ne furent jamais punis, sauf dans un cas où la victime était un étranger dont le gouvernement réclama.

(1) Dans chaque cimetière de Cuba habitait un curé chargé de chanter, moyennant finances, les prières des morts et de percevoir les droits de sépulture.

plus que quelques-uns d'entre eux appartenaient à des familles très riches et que l'idée d'un chantage fructueux ne pouvait manquer de germer dans la cervelle de quelques fonctionnaires espagnols dont l'espèce est toujours à l'affût d'un bon coup à faire.

On chuchota d'abord, on dit ouvertement ensuite que les étudiants avaient endommagé la vitre protégeant la pierre tombale qui recouvrait les restes d'un journaliste espagnol nommé Castañon, lequel avait été tué dans une rixe. Ces vagues rumeurs suffirent pour faire arrêter quarante-cinq étudiants. On examina la vitre; elle était intacte (1). Qu'importe? Les volontaires tenaient leur proie et n'étaient pas disposés à la laisser échapper. On chercha mieux et l'on trouva sur la vitre une rayure (*sic*); c'était plus qu'il n'en fallait.

Les étudiants furent envoyés devant un conseil de guerre. Malgré les me-

---

(1) Cela fut reconnu par le fils même de Castañon, Fernando, qui déclara dans une lettre authentique que ni le marbre ni la vitre ne portaient la moindre trace de violence.

naces des volontaires hurlant au dehors comme des cannibales autour de leurs victimes, le tribunal ne trouva pas d'éléments d'accusation, et le défenseur, le capitaine Capdevila, l'exhorta à mourir plutôt que de se laisser forcer la main et de commettre un crime par lâcheté. Les membres du conseil (dont huit étaient des officiers de l'armée régulière et neuf des officiers de volontaires), affolés par l'irruption des volontaires armés dans la salle, condamnèrent à mort huit malheureux enfants (1) et en envoyèrent au bagne trente et un!

Cette horrible sentence fut exécutée le 27 novembre 1871. Bien plus, on la rendit plus odieuse encore par des raffinements de cruauté inouïs : les hordes de volontaires passaient sous les fenêtres des maisons habitées par les familles des malheureux enfants en criant : « A mort! à mort! » et les noms des condamnés. Ceux qui devaient aller au bagne étaient

---

(1) Voici les noms de ces huit martyrs : Alonzo Alvarez de la Campa, A. Bermudez, P. Rodriguez y Pérez, A. Laborde, Carlos A. de Latorre, E. Gonzales, Carlos Verdugo, José de Marcos.

journellement conduits, avant leur départ pour les *présidios* de Ceuta, à des carrières voisines de La Havane; on avait soin de les faire passer, en forçats, une jambe chargée de fers (*grillete*), sous les fenêtres de leurs parents et de leurs amis.

Tant d'acharnement! tant de cruauté contre des innocents! car ils l'étaient tous, comme le prouve le monument élevé à leur mémoire, avec l'autorisation du gouvernement espagnol, dans le cimetière de La Havane. Sur ce monument est gravé ce mot : *Inocentes !*

Innocents! Qu'importe au tigre de Castille qu'on soit innocent ou coupable? C'est du sang qu'il lui faut. Pour les Espagnols verser le sang d'un ennemi même supposé est le seul système efficace et la suprême ivresse.

Utile dulci ! Les femmes mêmes de cette nation vont comme à une fête, comme elles iraient à une course de taureaux, rieuses, en falbalas, voir tomber la tête du comte d'Egmont ou jouir de l'agonie du docteur Rizal! Humanité, civilisation : vains mots! Légalité, respect de soi-même : bagatelles! Tuer est leur seul système, voir tuer est leur plus grand plaisir ; aussi leurs idoles se nomment Lagartijo ou Weyler.

*
* *

Qu'ils le veuillent ou non, ils sont ainsi. C'est là leur manière d'être déterminée par la race et par le milieu. Leur race est foncièrement sanguinaire, l'histoire le prouve ; leur milieu est une société créée à son image par un catholicisme étroit et intransigeant. L'influence séculaire de ce catholicisme a comprimé leurs cerveaux, que le scepticisme moderne, source de toute recherche et partant de tout progrès, n'a pas même effleurés. Aussi les Espagnols sont-ils restés des hommes du moyen âge ; ils ne sont arrêtés dans l'assouvissement de leur désir par aucune considération de justice ni même d'intérêt, car ils ne discutent pas, ne pèsent pas le pour et le contre qu'il y a en chaque chose : ils voient simplement le but et s'y précipitent, aveugles et inexorables, par le chemin qui leur paraît le plus court, fût-ce le chemin du crime. Et le crime lui-même, le plus souvent n'en est pas un pour eux, car leur religion, base de toutes leurs idées, autorise le meurtre de l'hérétique et tous ceux qui ne pensent pas comme eux sont des hérétiques. On ne peut objecter que cette religion est le jésuitisme et non le catholicisme ; cette religion est tout simplement le catholicisme espagnol. Loyola et Escobar sont des produits d'Espagne, et, loin d'y faire école, ils y eussent été brûlés s'ils ne s'étaient pas trouvés dans le milieu qui leur convenait.

La plante ne se développe que sous un climat favorable ; la perverse morale des Loyola et des Escobar, née en Espagne, y est encore pleine de vigueur. Nulle idée moderne de critique ni de tolérance n'est venue éclairer les sombres profondeurs du « monacal cerveau » (1) des Espagnols.

La nation, restée en dehors du courant qui a entraîné les autres nations vers le progrès, a, par cela même, perdu sa puissance, son prestige et sa richesse, mais son âme est sous les guenilles, telle qu'elle était sous le velours et l'or ; même

---

(1) Taine.

orgueil, mêmes idées et même morale. De nos jours, Torquemada s'est appelé Canovas et le duc d'Albe s'appelle Weyler.

Par contre, le Cubain, éloigné depuis des siècles de la mère-patrie et de son milieu arriéré, en est arrivé, sous l'influence d'un autre climat physique et d'un autre climat moral, à avoir des principes, des croyances, un idéal absolument opposés (1). Le séparatisme cubain veut simplement consacrer par le fait ce qui existe déjà de par la géographie et le déterminisme historique. Autant les Espagnols sont attachés, rivés plutôt, au passé, autant les Cubains sont pressés de renverser les obstacles qui leur barrent la route du progrès ; autant les

---

(1) Ce climat moral est le résultat de la proximité des Etats-Unis et des relations intellectuelles constantes issues de cette proximité. Les Etats-Unis sont à l'Espagne ce qu'est le jour à la nuit : d'un côté, l'instruction, la tolérance, l'activité, le progrès ; de l'autre, l'ignorance, le fanatisme, la routine, l'immobilité. Les Américains sont l'avant-garde de la civilisation ; les Espagnols en sont les *traînards*.

Espagnols ont d'obéissance aveugle pour les dogmes et partant d'intolérance pour qui les combat ou les discute seulement, autant les Cubains ont l'amour de la liberté et partant l'esprit de tolérance, puisque celle-ci n'est que le respect de la liberté.

Bien qu'ils aient le même sang dans les veines, il y a entre Espagnols et Cubains un abîme moral autrement immense que l'Océan Atlantique. Mais parlez de tout cela aux Espagnols ! Fils ingrats et dégénérés, traîtres, bandits, voilà ce que nous sommes ; pour un peu ils diraient : hérétiques, comme au bon vieux temps.

Ils nous traitent comme tels ; voyez notre guerre ! Pour nous écraser, ils ont envoyé 200.000 hommes, plus désireux certainement de nous anéantir que de nous vaincre. Heureusement, notre patriotisme les a réduits à l'impuissance; mais quelle guerre ont-ils faite... ? Pas de quartier ! à mort les prisonniers ! à mort les blessés et les malades ! à mort aussi les médecins et les infirmiers ! C'est épouvantable, mais c'est logique :

n'est-ce pas le seul système efficace (1), celui qu'employèrent le duc d'Albe, Boves, Antonänzas, Morillos, Valmaseda, Narvaez, Cabrera, Polavieja ?

La population des campagnes de Cuba favorise les rebelles ; elle leur fournit vivres, médicaments et les renseigne sur les mouvements des troupes espa_gnoles ; eh bien ! que la population des campagnes disparaisse !

C'est ce qu'on a appelé la *concentration des pacificos*. Les journaux français en ont parlé froidement, sans commentaires ; qu'est-elle exactement ? Elle est le crime le plus monstrueux qui ait été commis jamais.

A peine débarqué à Cuba, le général Weyler, pour priver les Cubains en armes des éléments de vie qu'ils trouvaient près de la population rurale, publia ses fameux décrets enjoignant à tous les habitants des campagnes de se concentrer

---

(1) Cela est tellement vrai que, malgré les atrocités commises par les Espagnols en tous temps, l'opinion générale chez eux est qu'ils perdirent l'Amérique pour avoir été trop doux et les Flandres parce que le duc d'Albe manqua de *poigne*.

dans les villes de garnison espagnole dans un délai déterminé et prononçant la peine de mort contre tous ceux qui, passé ce délai, seraient trouvés dans la campagne.

Pour ne pas rester chez eux à attendre le peloton d'exécution, beaucoup d'hommes valides allèrent grossir les rangs des insurgés, tandis que les faibles, les femmes, les enfants et les vieillards étaient parqués comme des troupeaux dans les villes fortifiées. Mais sans travail, loin de leurs foyers, comment pourraient-ils gagner leur subsistance ? — Weyler ne s'en soucia pas une minute. — Au moins avait-il songé à leur procurer un abri et le nécessaire pour ne pas mourir de faim ? — Pas davantage.

Ce qui devait arriver arriva. La faim et les maladies commencèrent à faire d'affreux ravages parmi les *concentrés* ; la mortalité devint terrifiante ; on ne voyait plus dans les villes de concentration que des vieillards, des femmes et des enfants hâves, amaigris, implorant la charité publique par les rues jonchées de cadavres. A diverses reprises, les autorités civiles implorèrent le général

Weyler (1) pour ces innocentes victimes au nom de l'humanité! L'humanité?Weyler répondit qu'il n'y pouvait rien, que *c'était le seul moyen de pacifier l'île.* Weyler raisonnait et agissait comme devait le faire un Espagnol : si pour maintenir la suzeraineté de la métropole il était nécessaire d'exterminer la population cubaine, il ne pouvait commettre le crime de ne pas l'exterminer.

Le nombre des victimes de la *concentration* est fabuleux. Nous ne citerons pas les statistiques américaines parce que, ici, on ne manquerait pas de les taxer d'exagération; mais les statistiques espagnoles elles-mêmes le font monter à plusieurs centaines de milliers. On pourra se former une idée quand on saura que, d'après des documents offi ciels espagnols, il y a eu, dans la seule province de Matanzas, 37,000 décès sur 68,000 *concentrés.*

Nous répétons que nous ne connaissons pas dans l'histoire de crime plus horrible et plus lâche. Les massacres les

---

(1) L'évêque de La Havane s'attira les remontrances du général Weyler pour avoir fait appel à sa miséricorde.

plus épouvantables, comme celui des Arméniens, peuvent à la rigueur se concevoir et s'expliquer, parce que la bête humaine se laisse entraîner par l'exemple, la contagion ; il y a dans ces circonstances comme un réveil des pires instincts, une rage exterminatrice qu'augmente encore l'ivresse du sang ; mais qu'un ministre, un Canovas, conçoive et qu'un Weyler exécute froidement le plan d'anéantir lentement, par les souffrances et la faim, une population tout entière, il n'y a rien de comparable à cela dans l'histoire.

Pour comble de criminalité, l'Espagne n'a pas fait le moindre effort pour réparer ou, du moins, soulager les maux affreux causés par son impitoyable cruauté ; il faut que ce soit un gouvernement étranger (1) qui vienne diminuer les tortures du malheureux peuple cubain.

Est-il nécessaire de dire que la fureur destructive de l'Espagne qui ne respecte

---

(1) Le 24 décembre 1897, par l'intermédiaire de M. Sherman, ministre des Affaires étrangères, le président Mac-Kinley a fait appel à la charité du peuple américain en faveur des victimes de la *concentration*.

pas la vie humaine ne pouvait respecter les choses ? La propriété fut dévastée avec moins de scrupules encore : le feu aux champs qui nourrissent les rebelles, le feu aux villages, à la moindre cabane qui leur pourrait servir d'abri !

Quel tableau ! Une des plus riches contrées du monde réduite en cendres et sur ces cendres les cadavres de trois ou quatre cent mille innocents ! Voilà comment la noble Espagne fait la guerre au seuil du XXe siècle...

Le *New-York Herald* peut se rendre compte que, pour violer à Cuba toutes les lois humaines et divines, les Espagnols n'ont pas attendu son autorisation (1). Leur nature leur a suffi.

Nous avons cité quelques-unes des atrocités commises à Cuba par les Espagnols ; ce serait une erreur de croire

---

(1) Dans un article récent sur l'exécution de Ruiz, le *New-York Herald* disait : « Les généraux espagnols pourront faire maintenant à Cuba tout ce qu'il leur plaira, sans que les Cubains aient le droit de se plaindre. »

qu'il n'y en a pas d'autres. Celles dont nous avons parlé sont comme les édifices les plus élevés d'une ville immense; de loin on n'aperçoit que ces points culminants, mais autour d'eux ce n'est pas le désert : ce sont des sommets s'élevant à une hauteur moindre et se perdant dans l'ensemble. De même dans l'histoire de la colonisation espagnole, quelques crimes monstrueux se détachent du fond sanglant du tableau ; mais cette histoire est l'histoire du crime même : la colonisation espagnole a toujours eu pour but unique la spoliation, et pour moyens le despotisme, la terreur, le bagne et l'échafaud.

Le monde sait quelle différence il y a entre notre conduite et celle de nos oppresseurs. Ils ont été d'une cruauté dont on ne trouve d'exemples que dans leur propre histoire ; nous avons été constamment humains, généreux. Le front haut, nous déclarons que l'épée cubaine est vierge de toute souillure. Comment s'expliquer dès lors les erreurs et les injustices de l'opinion à notre égard dans un pays généreux comme la France ? — Il n'y a qu'une explication : l'attitude de la presse.

Avant d'aborder ce sujet. nous nous plaisons à rendre justice à l'impartialité et au noble désintéressement de certains organes auxquels nous sommes d'autant plus reconnaissants qu'ils sont plus rares. Une fois pour toutes, nous déclarons ne pas les confondre avec ceux à qui nous reprochons leur hostilité.

On a parlé dans les journaux de Paris de la *concentration* des paysans de Cuba. On en a parlé comme d'un vulgaire *fait divers* : le nombre des victimes a été publié comme une statistique curieuse, mais pas un mot pour flétrir cette monstruosité sans égale. Toute l'indignation dont ces journaux sont capables était réservée pour la juste exécution du colonel Ruiz, venu au camp cubain pour fomenter la trahison. Oh! alors ce fut une clameur générale : « Haro sur le Cubain! » Un déluge d'invectives, de calomnies, de malédictions, s'abattit sur nous. Pourquoi? — Parce que nous sommes les Cubains et que les autres sont « les nobles, les chevaleresques » et surtout « les généreux Castillans ».

Nous ne pouvons pas croire que les Français, que nous avons tant aimés, nous les opprimés. parce que jadis ils proclamèrent les droits de l'homme — dont, hommes, nous avons été privés, — et parce que naguère ils versaient leur sang pour les causes justes, nous ne pouvons pas croire, disons-nous, que les Français soient changés au point de ne plus avoir de sympathies que pour les oppresseurs ; mais, pour ce qui est de la presse française, on n'en peut douter.

Nous ne voulons pas parler de certains journaux dont les salles de rédaction sont, suivant l'expression de M. Paul de Cassagnac, « des mâquis où s'embusquent des bandits de plume » ; pour ceux-là, il n'y a ni justice, ni patrie, il n'y a que l'argent.

Tout le monde les connaît et nous ne daignons pas nous irriter contre eux. Mais il est étrange de voir un journal comme *Le Temps* donner des preuves de partialité qui nous causent une pénible surprise, surprise qui dure depuis trois ans.

Voici un exemple caractéristique. Dans un article sur Weyler, dont il a dit lui-même qu'il « a fait couler le sang comme de l'eau », *Le Temps* n'a pas un seul mot sévère pour ce soudard féroce, personnification du guerrier espagnol, et il qua-

lifia de « crime affreux » l'exécution du
colonel Ruiz, exécution au sujet de la-
quelle il ne sait rien de précis et que bon
nombre de journaux, même en Espagne,
ont jugée comme un acte de justice militaire. *Le Temps*, qui naguère qualifiait
le bombardement de La Canée de *som-
mation correcte appuyée de quelques
obus*, avait pourtant là une excellente
occasion de placer un de ces euphémis-
mes dont il a le secret. Que n'a-t-il gardé
le mot de « crime » pour un véritable
crime commis au cours de quelque ré-
cente guerre de conquête et celui d'«affreux » pour quelques-uns des « abo-
minables procédés » dont parle M. de
Lanessan dans son dernier ouvrage :
Principes de colonisation ?

Second exemple de partialité encore
plus significatif. Un autre journal jouis-
sant d'une grande considération, le *Journal des Débats*, ne se contente pas de
blâmer tout ce qu'on fait en faveur des
Cubains, il blâme même ce qu'on a l'in-
tention de faire. Ainsi, le gouvernement
des Etats-Unis annonce qu'il pourrait un
jour se voir obligé à intervenir dans l'île
infortunée au nom de l'humanité ; le
Journal des Débats s'écrie : « C'est en-

tendu, dès que les Espagnols auront tué quelques rebelles et brûlé quelques plantations, le gouvernement américain se croira le droit d'intervenir à Cuba. » Ce journal sait pourtant que ce n'est pas « quelques rebelles », mais trois ou quatre cent mille personnes neutres et faibles que les Espagnols ont fait mourir; il sait que ce n'est pas « quelques plantations », mais le pays entier qui a été dévasté, rasé; il sait que les Etats-Unis ne sont intervenus jusqu'à présent que pour soulager les misères des victimes que l'Espagne a condamnées à mourir. Mais cette « intervention américaine » a le don de l'irriter; c'est tout juste s'il ne la qualifie pas de criminelle, lui qui a vu dans la concentration tout simplement un « mal nécessaire ». Ce n'est pas que le *Journal des Débats* soit en principe adversaire des interventions; loin de là : il a applaudi avec enthousiasme à celles des puissances européennes entre la Chine et le Japon, entre la Grèce et la Turquie, etc. Il est vrai que dans toutes. ces interventions « l'humanité » n'était pour rien et que les puissances se proposaient un tout autre but que d'arracher à une mort horrible un million de créatures pacifiques et sans défense

C'est sans doute là ce qui exaspère le *Journal des Débats* ; il ne conçoit pas que l'on vienne sauver ceux que ses amis, les Espagnols, ont condamnés.

Si des journaux comme *Le Temps* et le *Journal des Débats* agissent de la sorte, que devons-nous attendre de ceux qui appartiennent à une catégorie inférieure ?...

Ce qui nous console, c'est que malgré toutes les sourdines et toutes les inventions le peuple français sait de quelle façon l'Espagne nous a combattus : ce peuple exècre cordialement Weyler et l'a marqué au front du nom de « bourreau ». Le peuple français nous aurait déjà témoigné ses sympathies s'il savait comment nous avons été gouvernés, car dans la paix l'Espagne a été aussi injuste et aussi cruelle que dans la guerre. « Cuba a vu mourir sur l'échafaud tous ceux qui parmi ses enfants osaient aimer la liberté et le déclarer dans leurs écrits ou par la parole ; Joachim de Agüero et Plácido furent de ce nombre. Cuba a vu errer à travers le continent américain ses fils les plus illustres, le poète J.-M.

de Heredia et le grand écrivain Saco, victimes de la proscription » (1) (Enrique-José Varona, *Cuba contre Espagne*).

Nous ne demandons appui ni protection à personne, n'ayant au jour de la révolte compté que sur nous seuls ; mais lorsque, résolus à briser nos chaînes, nous avons couru aux armes, nous avions le droit d'espérer que, de toutes les presses du monde, la presse de France serait celle qui aurait le plus de sympathies pour nous... Cependant, à cette presse nous ne demandons même pas d'être juste et d'être humaine, de rendre hommage à l'héroïsme et à l'abnégation de nos frères en armes, de flétrir les atrocités de nos ennemis et d'avoir pitié de tant de milliers de victimes innocentes ; nous lui demandons seulement de ne pas nous accabler d'insultes que nous ne méritons pas. Même au nom de la liberté, nous n'avons commis aucune vilenie.

---

(1) Le mot seul de « liberté » était proscrit. Nous pourrions citer tel opéra (*les Puritains* de Bellini) ou ce mot était remplacé par celui de « loyauté ».

Nous les avons supportées toutes, la calomnie comprise.

Ne nous calomniez pas ! Est-ce trop demander à la presse d'un pays qui jadis tira l'épée pour les opprimés?

Mais il ne s'agit là que d'une satisfaction passagère pour notre âme de patriotes. L'avenir de notre pays dépend de causes plus générales appartenant à un ordre plus élevé. Ces causes inexorables rendent chaque jour plus prochaine la fin de la domination espagnole en Amérique. Cuba sera indépendante.

EGMONT.

Paris, le 15 janvier 1898.

P.-S. — Quant au *New-York Herald* (édition de Paris), nous ne le comptons pas parmi les organes de la presse française. Ni de la presse américaine non plus.

Paris. — Imp. G. CAMPROGER, 52, Rue de Provence.